Thomas Ice und Timothy Demy

Die Wahrheit über JERUSALEM IN DER BIBLISCHEN PROPHETIE

cmf

Thomas Ice und Timothy Demy

Die Wahrheit über JERUSALEM IN DER BIBLISCHEN PROPHETIE

cmf

Verlag C. M. Fliß
Lütt Kollau 17, 22453 Hamburg

Originaltitel: The Truth about ... Jerusalem in Bible Prophecy

published by Harvest House Publishers,
Eugene, Oregon 97402, USA

Übersetzung: Claudia Gliemann
Umschlag: image design
Satz: Convertex, Aachen
Druck: Printed in Germany

1. Auflage 1997

ISBN 3-931188-13-2

Soweit nicht anders vermerkt, wurden die Bibelzitate der revidierten Elberfelder Bibelübersetzung entnommen.

Inhalt

Teil 3

Was geschah nach dem ersten Jahrhundert mit Jerusalem?

Teil 4

Wie entwickelte sich die Geschichte Jerusalems in diesem Jahrhundert?

Teil 5

Was geschieht während der zukünftigen Trübsalszeit mit Jerusalem?

Teil 6

In welcher Beziehung steht Jerusalem zur Wiederkehr Christi?

Teil 7

Wie sieht die Zukunft Jerusalems während des Millenniums aus?

Teil 8

Welche Rolle wird Jerusalem in der Ewigkeit spielen?

Teil 9

Weshalb ist dies heute von Bedeutung?

Diese Buchserie über prophetische Wahrheiten der Bibel ...

... will dem Leser in aller Kürze bestimmte Themen der biblischen Prophetie näherbringen und veranschaulichen. Zum leichteren Verständnis und zur besseren Übersicht wurden die Bücher dieser Serie im Frage-und-Antwort-Stil geschrieben. Um dem konsequenten Leser zu einem besseren Verständnis des jeweiligen Themenkomplexes zu verhelfen, bauen die Fragen gedankenmäßig aufeinander auf. Die einzelnen Bände stellen eine gründliche Ausarbeitung der entsprechenden Themen dar, erheben jedoch keinen Anspruch auf Vollständigkeit. Sie können diese Bände entweder in ihrer Gesamtheit durcharbeiten, sich jedoch auch nur mit einem einzelnen Thema beschäftigen.

Der in dieser Serie vertretene Standpunkt ist der des Prämillennialimus und des Prätribulationismus. Die Autoren sind sich bewußt, daß es innerhalb evangelikaler Kreise auch noch eine Reihe anderer Positionen gibt. Wir sind jedoch der Meinung, daß die diesen Bänden zugrunde liegende Sichtweise am häufigsten verbreitet ist und auch allgemein die größte Unterstützung erfährt. Wir sind weiterhin der Auffassung, der Prämillennialismus, und vor allem auch der Prätribulationismus, veranschaulichen Gottes prophetischen Plan, welchen er in der Bibel offenbart hat, am deutlichsten.

Die Beschäftigung mit der Prophetie und deren rätselhaften Aspekten ist ein höchst aufwendiges und kompliziertes – jedoch nicht hoffnungsloses und aussichtsloses – Unterfangen. Wir können uns täuschen, etwas falsch interpretieren und verwechseln. Die bloße Möglichkeit, daß derartiges geschehen könnte, sollte einen Christen jedoch weder von der Beschäftigung mit der Prophetie noch von ernsthaften und hilfreichen Diskussionen zu diesem Thema abhalten. Das Ziel dieser Serie ist es, all jenen, welche die Bibel gerne besser verstehen möchten, hier eine kurze, schlüssige und kontinuierliche Hilfestellung an die Hand zu geben. Wenn Sie sich dazu entschließen, sich etwas näher mit den jeweiligen Themen zu beschäftigen, werden Sie bemerken, daß Sie für Ihre Mühe auch belohnt und Ihr Wissen und Ihre Liebe zu unserem Herrn Jesus Christus und seinem Wort wachsen werden.

Einleitung

Wenn wir an die großen Städte dieser Welt denken, dann fallen uns gewöhnlich Städte wie Rom, Paris, London, Tokio und New York ein. Jerusalem würde in einer »Top-Five«-Liste höchstwahrscheinlich überhaupt keine Erwähnung finden. Und dennoch scheint sich das kollektive Auge der Welt fast täglich auf Jerusalem zu richten, wenn die Stadt erneut in den Schlagzeilen zu finden ist, Kulturen aufeinanderprallen und Diplomaten über die neuesten Formeln für einen dauerhaften Weltfrieden diskutieren.

Jerusalem ist kein Weltwirtschaftszentrum wie zum Beispiel New York oder Tokio. Jerusalem wird nicht versuchen, mit der Modewelt von Paris in Konkurrenz zu treten. Jerusalem kann seinen Besuchern weder die Pracht Roms noch die Schätze des Britischen Museums in London bieten. Und Jerusalem verfügt auch nicht über die vielen Reize anderer Weltstädte. Tatsächlich ist die Bedeutung Jerusalems jedoch auch nicht im Reich des Weltlichen zu finden. Jerusalem ist vielmehr in geistlicher Hinsicht von Bedeutung.

Die Stadt stellt das Heiligtum dreier Weltreligionen dar: des Judentums, des Christentums und des Islam. Jede Religion fühlt sich eng mit dieser Stadt und deren heiligen Stätten verbunden. Doch selbst durch diese religiösen Bande erhält Jerusalem nicht seine wichtigste Bedeutung. *Die Herrlichkeit Jerusalems basiert letztendlich nicht auf menschlicher Verbundenheit, sondern auf göttlichen Zusagen.*

Jerusalem ist von Bedeutung, weil Gott dies angeordnet hat! Er hat in der Bibel erklärt, daß Jerusalem nicht nur von irdischer, sondern auch von ewiger Bedeutung sein wird. Von all den großen Weltstädten der Vergangenheit, Gegenwart und Zukunft wird nur Jerusalem in alle Ewigkeit Bestand haben. Nur Jerusalem kann sich auf eine göttliche Ewigkeitsgarantie berufen.

In der Bibel finden sich mehr als 800 Hinweise auf Jerusalem (ganz zu schweigen von den Dutzenden von Hinweisen in Form von Synonymen), und über 350 dieser Hinweise enthalten prophetische Aussagen bezüglich der Zukunft dieser heiligen Stadt. Die Heilige Schrift ist angefüllt mit Verweisen auf die Stadt Jerusalem. Die Geschichte, Bedeutung und Kämpfe dieser Stadt können nur durch die Linse der Bibel in den richtigen Mittelpunkt gerückt werden. Erst dann, wenn wir Jerusalems prophetische Rolle in der Geschichte und dem göttlichen Drama der Zeiten verstehen, werden wir die Bedeutung dessen ermessen können, worüber wir tagtäglich in den Zeitungen und Nachrichtensendungen informiert werden. Die biblische Prophetie bestätigt uns, daß Jerusalem auch weiterhin die Aufmerksamkeit der Welt auf sich ziehen wird.

Die Bibel sagt uns, daß Israel und vor allem Jerusalem der Mittelpunkt der Erde ist, und dies vor allem deshalb, weil es sich auch im Zentrum des Herzens und Planes Gottes befindet. Hesekiel sagte: »So spricht der Herr: Das ist Jerusalem! Mitten unter die Nationen habe ich es gesetzt, und Länder rings um es her« (Hesekiel 5,5). Etwas später ewähnt Hesekiel, daß Beth-Togarmah aus dem »äußersten Norden« (38,6) Jerusalem und das Volk Israel, »(Leute,) die den Mittelpunkt der Erde bewohnen«, angreifen wird (38,12).

Auf den Landkarten früherer Zeiten fand sich Jerusalem stets im Zentrum dieser Karten, was bedeutete, daß es den geographischen Mittelpunkt menschlicher Aktivitäten darstellte. Früher war es auch üblich, Israel als den Mittelpunkt der Erde zu bezeichnen, Jerusalem als das Zentrum Israels, den Berg Zion als das Zentrum Jerusalems und weiterhin den Tempel als den Mittelpunkt des Berges Zion – den Nabel der Erde. Es dürfte daher auch nicht überraschen, daß der Herr in Sacharja 2,12 über Zion (also Jerusalem) sagte: »... denn wer euch antastet, tastet meinen Augapfel an.«

Jersusalem, mit den Koordinaten 31,47 Grad nördlicher Breite und 35,14 Grad östlicher Länge, bildet heute nicht mehr das kartographische Zentrum der Welt. Es stellt jedoch weiterhin das Zentrum der biblischen Prophetie dar. Die erlebnisreiche Geschichte dieser ruhmreichen Stadt wird weitergeführt. Die Geschichte erzählt von ihrer Vergangenheit, die Schlagzeilen von ihrer Gegenwart und die Prophetie von ihrer Zukunft.

Teil 1

Was geschah mit Jerusalem zur Zeit des Alten Testamentes?

1. An welcher Stelle der Bibel wird Jerusalem zum ersten Mal erwähnt?

In 1. Mose 14,18 lesen wir, daß Melchisedek, der König von Salem, Brot und Wein herausbrachte und Abraham segnete. Die Stadt Salem war der Vorläufer des heutigen Jerusalems (siehe Psalm 76,2). Als Abraham schließlich später seinen Sohn Isaak Gott als Opfer darbringen wollte (1. Mose 22,2), ging er auf einen der angrenzenden Berge im Lande Moria. Ägyptische Texte aus den Jahren 1900 – 1800 v. Chr. beziehen sich auf die kanaanitische Stadt als Urusalimmu. Während der Zeit der Eroberungen (ca. 1400 v. Chr.) war sie unter dem Namen Jebus bekannt (Richter 19,10-11; 1. Chronik 11,4-5).

2. Wann eroberten die Juden die Stadt?

Unter der Führung Davids, der im Jahre 1011 v. Chr. König wurde, eroberten die Israeliten im Jahre 1004 v. Chr. die jebusitische Festung, welche später den Namen Jerusalem erhalten sollte (2. Samuel 5,6-9; 1. Chronik 11,5-7)[1]

3. In welcher Beziehung stand König David zu dieser Stadt?

Nachdem David Jerusalem (bisweilen auch Zion genannt) erobert hatte, verlegte er seinen Herrschaftssitz dorthin und gab der Stadt seinen Namen, sie hieß nun »die Stadt Davids« (2. Samuel 5,9). Er ließ die Stadt erweitern und die Bundeslade nach Jerusalem bringen (2. Samuel 6,12). Jerusalem wurde dadurch sowohl zum Zentrum der religiösen Verehrung als auch zum politischen und militärischen Mittelpunkt des Landes. Somit wurde David zum Begründer der Stadt Jerusalem.

4. Weshalb wurde der erste Tempel in Jerusalem erbaut?

Kurz vor seinem Tod kaufte David die Tenne des Jebusiters Arauna, um auf ihr einen Altar zu errichten (2. Samuel 24,18-25). Laut 2. Chronik 3,1-2 begann Salomo daraufhin im Jahr 966 v. Chr. auf dem Berg Morija mit dem Bau des Tempels, welcher sieben Jahre in Anspruch nahm (1. Könige 6,37-38). Während dieser Zeit wurden auch die Mauern Jerusalems erweitert, so daß sie auch den Tempel mit einschlossen (1. Könige 3,1).

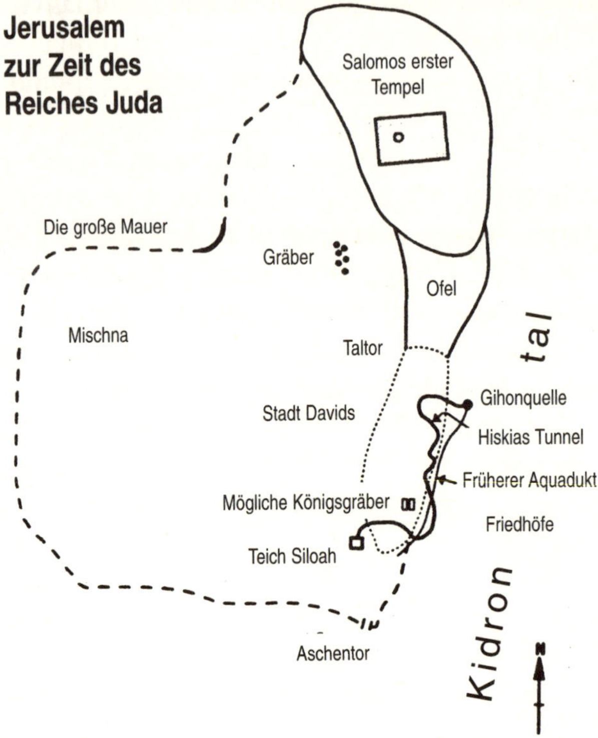

5. Was geschah mit Jerusalem nach der Herrschaft Salomos?

Nach dem Tod Salomos im Jahre 931 v. Chr. erlebte Jerusalem eine längere Zeit des Niedergangs und Verfalls. Es kam zu einer Spaltung des Königreiches, woraufhin Jerusalem nur noch die

Hauptstadt des Reiches Juda war. Innerhalb fünf Jahren nach Salomos Tod wurden der Tempel und der Palast von ägyptischen Truppen geplündert (1. Könige 14,25-26). Weitere Plünderungen Jerusalems durch die verschiedensten Mächte erfolgten im Verlauf der folgenden zwei Jahrhunderte. Während der Herrschaft des Königs Usija von 792 – 740 v. Chr. wurde die Stadt befestigt (2. Chronik 26,9-15). Als jedoch das Nordreich Israel im Jahre 722 v. Chr. an die Assyrer fiel, waren Jerusalems Jahre gezählt.

Im Jahre 597 v. Chr. eroberte Nebukadnezar, der König von Babel, Jerusalem, und im Jahre 587 v. Chr. zerstörte er sowohl die Stadt als auch den Tempel (2. Könige 25,8-9). Die Stadt war vollkommen verwüstet. Nachdem schließlich die Prophetie von der siebzigjährigen Gefangenschaft erfüllt war (gerechnet von der ersten Niederlage Jerusalems gegen die Babylonier im Jahre 605 v. Chr. an), kamen die ersten Juden im Jahre 538 v. Chr. (Daniel 9,25) aus dem Exil wieder nach Jerusalem zurück, welches sich nun unter persischer Herrschaft befand.

Die persische Herrschaft dauerte über 200 Jahre lang an. Während dieser Zeit fand der Wiederaufbau des Tempels im Jahre 535 v. Chr. statt (Esra 3,8), und Nehemia kehrte nach Jerusalem zurück, um die Stadtmauern erneut aufzubauen (444/443 v. Chr.). Zu jener Zeit, im Jahre 444 v.

Chr., begannen auch die »70 Wochen« Daniels aus Daniel 9,24.[2]

Zwischen den Jahren 322 und 165 v. Chr. stand Jerusalem unter griechischer Herrschaft. Zunächst war es von Alexander dem Großen, daraufhin von seinen Nachfolgern, den Ptolemäern, und schließlich von Antiochus und Antiochus IV. (Antiochus Epiphanes) erobert worden. Unter Antiochus Epiphanes erlebte Jerusalem letztendlich auch seinen religiösen Tiefpunkt. Er plünderte den zweiten Tempel und schändete diesen, indem er ein Schwein auf dem Altar opferte und somit die Prophetien aus Daniel 11,21-35 erfüllte.

Im Jahr 167 v. Chr. lehnte sich ein Priester names Matthias gegen die Herrschaft der Griechen über die Juden auf und entfachte einen Aufstand. Nach seinem Tod führte sein Sohn, Judas Makkabäus, den Kampf fort und errang vier aufeinanderfolgende Siege gegen die Griechen. Judas Makkabäus gelang es schließlich, Jerusalem und den Tempel im Dezember des Jahres 165 v. Chr. wieder einzunehmen. Diesem Ereignis wird auch heute noch durch das achttägige Fest der Tempelweihe gedacht (Chanukka, vgl. Johannes 10,22). Jerusalem wurde erneut befestigt und blieb daraufhin knapp einhundert Jahre lang eine freie Stadt. Doch selbst während dieser Zeit gab es immer wieder Versuche, die Stadt einzunehmen.

Teil 2

Was geschah mit Jerusalem zur Zeit des Neuen Testamentes?

6. Wie kam Jerusalem unter römische Kontrolle?

Im Jahr 63 v. Chr. fiel der freie jüdische Staat unter die Herrschaft der Hasmonäer, als der römische Feldherr Pompejus die Stadt drei Monate lang belagerte, 12000 Juden tötete und die Mauern der Stadt niederreißen ließ. Die Römer marschierten daraufhin erneut in den Jahren 54 und 40 v. Chr. in die Stadt ein, und die Parther aus Persien plünderten die Stadt.

Im Jahr 37 v. Chr. ernannten die Römer Herodes (Herodes den Großen) zum König über Judäa, das er bis ins Jahr 4 v. Chr. regierte. Unter seiner Herrschaft wurde Jesus geboren (Matthäus 2,13; Lukas 1,5). Nach dem Tod des Herodes regierte dessen Sohn Archelaos bis ins Jahr 6 n. Chr. über Jerusalem, und während der Jahre 6-41 und 44-46 n. Chr. stand Jerusalem unter der Herrschaft römischer Prokuratoren. Unter dem fünften dieser Prokuratoren, unter Pontius Pilatus (26-36 n. Chr.), wurde Jesus gekreuzigt.

> Mit gezücktem Schwert strömten sie nun in die Gassen, stießen jeden nieder, der ihnen in den Weg kam, und verbrannten die Häuser, in welche sich die Juden geflüchtet hatten, samt allem, was darin war. Sie plünderten viel; oft aber, wenn sie der Beute wegen in ein Haus eingedrungen waren, fanden sie ganze Familien tot und die Dächer mit Leichen von Verhungerten gefüllt – ein Anblick, über den sie sich derart entsetzten, daß sie mit leeren Händen wieder herauskamen. So tiefes Mitleid sie übrigens mit den also Umgekommenen empfanden, so erstreckte sich dasselbe doch nicht auf die Lebenden; niederstoßend, was ihnen in den Weg kam, versperrten sie die engen Gassen mit lauter Toten und überschwemmten die Stadt mit Strömen von Blut, so daß manche Feuersbrunst durch Blut gelöscht ward.[5]

Bei seinem Einmarsch in die Stadt zeigte sich Titus über die jüdischen Befestigungen erstaunt und erklärte, der Sieg der römischen Armee könne nur auf göttliche Unterstützung zurückzuführen sein.[6] Daraufhin befahl er, daß die gesamte Stadt (bis auf einen Teil der Mauer und des Turmes) sowie der Tempel zerstört und dem Erdboden gleichgemacht werden sollten. Diese Zerstörung war somit die erneute Erfüllung einer biblischen Prophetie. Jene Stadt, in welcher Jesus so triumphal Einzug gehalten hatte, bestand nun aus nichts anderem mehr als Schutt, Asche und Erinnerungen. Die Prophetie Jesu aus Lukas 19,41-44 war Wirklichkeit geworden:

> Und als er sich näherte und die Stadt sah, weinte er über sie und sprach: Wenn auch du an diesem Tag erkannt hättest, was zum Frieden (dient)! Jetzt aber ist es vor deinen Augen verborgen. Denn Tage werden über dich kommen, da werden deine Feinde einen Wall um dich aufschütten und dich umzingeln und dich von allen Seiten einengen; und sie werden dich und deine Kinder in dir zu Boden werfen und werden in dir nicht einen Stein auf dem anderen lassen, dafür daß du die Zeit deiner Heimsuchung nicht erkannt hast.

Der Bibelexperte Dr. Harold Foos schreibt hierzu:

> Gemäß der Prophezeiung lag Jerusalem nun in Schutt und Asche. Die vorhergesagte Zerstörung der Stadt und des herrlichen Tempels hatte stattgefunden. Ihre Bewohner waren entweder tot oder in die Ferne des herrlichen heiligen Berges zerstreut. Eine tödliche Ruhe hatte sich über Zion gelegt. Und darüber schwebten, einem Epitaph gleich, Jesu Klageworte über Jerusalem.[7]

> Jerusalem, Jerusalem, das da tötet die Propheten und steinigt, die zu ihm gesandt sind! Wie oft habe ich deine Kinder versammeln wollen wie eine Henne ihre Brut unter die Flügel, und ihr habt nicht gewollt! Siehe, euer Haus wird euch überlassen. Ich sage euch aber: Ihr werdet mich nicht sehen, bis es geschieht, daß ihr sprecht: »Gepriesen (sei), der da kommt im Namen des Herrn!« (Lukas 13,34-35).

Teil 3

Was geschah nach dem ersten Jahrhundert mit Jerusalem?

10. Was geschah mit der Stadt während der ersten Jahrhunderte der Christenheit?

Obwohl Jerusalem den Prophetien gemäß im Jahr 70 n. Chr. zerstört worden war, bauten die Römer die Stadt im Jahr 135 als römische Kolonie wieder auf und nannten sie Aelia Capitolina. Der Historiker Rober L. Wilken schreibt hierzu:

> Nach der Niederlage Bar Kochbas im Jahre 135 n. Chr. zogen die Römer mit Pflügen über die Stadt Jerusalem her. Im Anklang an einen alten Brauch zur Gründung einer neuen Stadt, spannten sie einen Ochsen und

eine Kuh vor einen geschwungenen Pflug und gingen mit diesem die zukünftigen Begrenzungen der Stadt ab. Die von dem Pflug hinterlassene Furche zeigte daraufhin die zukünftigen Mauern der Stadt an ... Aelia Capitolina, benannt nach der Familie des Kaisers Aelius und der Göttertrias Jupiter Optimus Maximus, Juno und Minerva des Kapitolinischen Hügels in Rom, sollte fortan eine römische Kolonie sein und an die Stelle der altehrwürdigen Stadt der Juden treten.

> Große Anstrengungen wurden unternommen, um Jerusalems Bande mit der Vergangenheit zu durchtrennen und alles zu vernichten, was darauf hinwies, daß Jerusalem einst der glorreiche Herrschaftssitz der jüdischen Könige gewesen war ... Steine des jüdischen Tempels wurden zum Bau von Theatern und zur Errichtung der Stadtmauer verwendet. Der Tempelberg selbst wurde in ein römisches Gehöft umgewandelt.[8]

Obwohl die neue Stadt nun zwar für weitere 200 Jahre unter römischer Herrschaft stand, so war sie für die Menschen jener Zeit doch nur von geringer Bedeutung. »Die neue römische Stadt entwickelte sich zu einer Nebenstraße der Geschichte, während Caesarea zur Hauptstadt der Provinz Syria Palaestina avancierte. Der einstige Mittelpunkt des Weltalls, begründet auf dem Felsengestein des Berges Morija, schien nur noch ein Körnchen Sand zu sein, welches vom Schirokko der Zeit hinweggetragen wurde.«[9]

Jerusalem während der römischen Periode

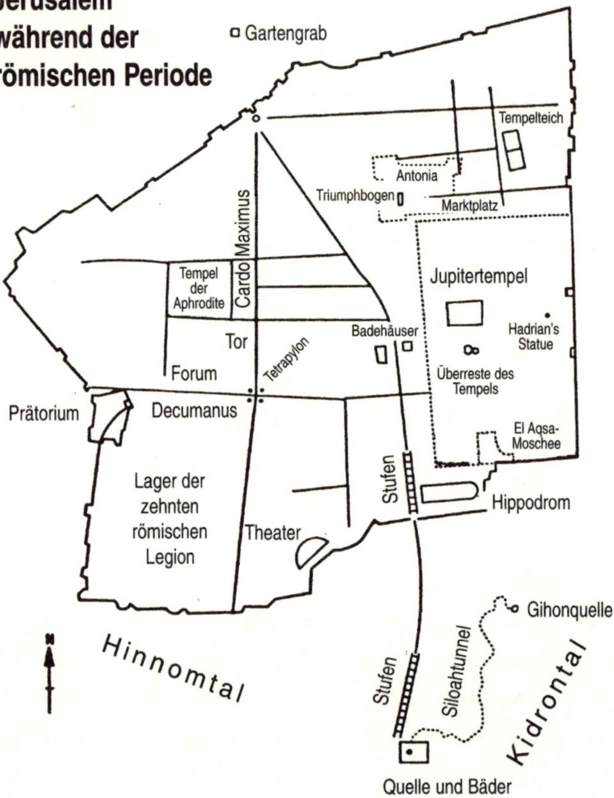

Die Juden waren aus der Stadt verwiesen worden, und es war ihnen unter Androhung der Todesstrafe untersagt, die Stadt erneut zu betreten.

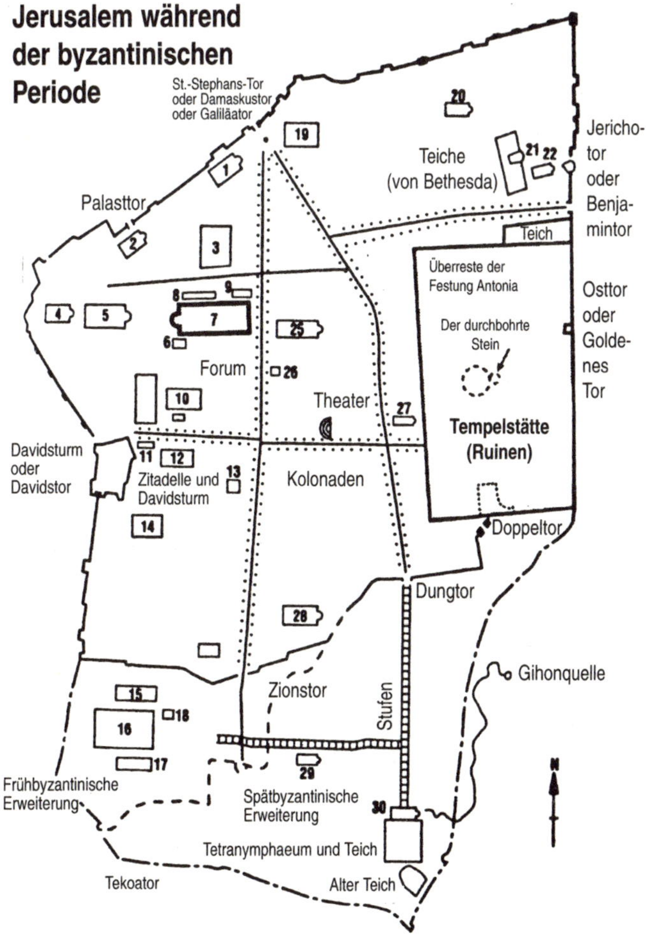

Kirchen und andere religiöse Bauten

1. St. Seraption-Kirche
2. Kirche des St. Georgius
3. Hospiz des Patriarchen oder Schmiedemarkt
4. Theodorus-Kloster
5. Kloster der Spoudäer
6. Taufkapelle
7. Grabeskirche
8. Haus des Priesters
9. Patriarchenpalast
10. Griechisches Kloster Kirche von Johannes dem Täufer
11. Kloster St. Sabas
12. Iberisches Kloster
13. Syrisches Kloster
14. St. Jakob-Kirche
15. Haus des Kaiphas
16. Basilika Berg Zion
17. St. Stephans-Kirche
18. Haus des Priesters
19. Eudocias Palast
20. Kirche der Maria Magdalena
21. Kirche der Gelähmten
22. Kirche der Geburt Marias
23. Grab der Jungfrau
24. Gethsemane
25. Kirche der Hl. Cosmas und Damian
26. Haus der Älteren
27. Kirche St. Sophia
28. Nea (Neue) Kirche der hl. Maria
29. St. Peter-Kloster
30. Eudociaskirche

Im 2. und 3. Jahrhundert nach Christus breitete sich das Christentum langsam in der Aelia Capitolina (Jerusalem) aus, und zu Beginn des 4. Jahrhunderts (300 n. Chr.) wurden die ersten Pilgerreisen in die Stadt unternommen, was dazu führte, daß das Verbot den Juden gegenüber weniger streng gehandhabt wurde.[10]

Als Kaiser Konstantin im Jahr 324 n. Chr. Herrscher über Palästina wurde, befand sich Jerusalem erneut unter der Herrschaft und dem Einfluß des Christentums. Helena, die Mutter des Kaisers, besuchte die Stadt im Jahr 326, woraufhin ein erneutes Interesse an den angeblich historischen Stätten Jesu und des frühen Christentums entstand. Dies führte jedoch zu einer Erneuerung des Stadtverbots für die Juden, mit Ausnahme des

9. Aw, an welchem ihnen erlaubt war, die Zerstörung der ersten beiden Tempel auf dem Tempelberg zu beklagen.[11]

In den Jahren 361-363 versuchte der heidnische Kaiser Julian (später auch Julian, der Abtrünnige genannt), sowohl die griechisch-römische Religion wieder einzuführen, als auch den Tempel wiederaufzubauen. Seine Bemühungen waren jedoch nur von sehr kurzer Dauer, denn einige Tage nachdem mit dem Wiederaufbau begonnen worden war, erschütterte ein Erdbeben die Stadt und das gesamte Baumaterial wurde vom Feuer zerstört.[12]

Während der byzantinischen Ära (330-638) befand sich Jerusalem weiterhin unter christlichem Einfluß, obwohl ein Aufstand der Samariter im Jahre 529 große Teile der unmittelbaren Umgebung Jerusalems zerstörte. Im Jahre 614 belagerten und zerstörten die Perser die Stadt und die meisten ihrer Kirchen. Im Jahr 629 geriet die Stadt erneut unter byzantinische Herrschaft und blieb bis ins Jahr 638 unter »christlichem« Einfluß.[13]

11. Wann geriet Jerusalem unter muslimische Herrschaft?

Als die Muslime in Palästina einmarschierten, kam es im Jahr 637 zu einer Belagerung Jerusalems, welche bis zum März/April des Jahres 638 andauerte. Im April ergab sich Jerusalem schließlich dem muslimischen Kalifen Omar. Zwischen den Jahren 638 bis 1099 befand sich die Stadt fest unter muslimischer Kontrolle. Obwohl die Stadt zwar von einer Reihe Muslime regiert wurde und auch viele Araber nach Jerusalem zogen, bestand die Mehrheit der Bevölkerung der Stadt doch hauptsächlich aus Christen. Eine gewisse Anzahl Juden wurden in der Stadt geduldet.

Im Jahr 691 erfolgte unter dem muslimischen Kalifen Abd Al Malik die Fertigstellung des Felsendomes auf dem Tempelberg (obwohl der Felsendom erst im Jahr 1187, in welchem die Kreuzfahrer von dem muslimischen Anführer Saladin besiegt wurden, seine Bedeutung als drittheiligste Stätte des Islam erlangen sollte).[14]

Im Jahr 878 wurde Jerusalem von muslimischen Mächten Ägyptens annektiert und befand sich mit Ausnahme der Kreuzzüge bis zur Eroberung durch die Osmanen im Jahr 1516 unter der Herrschaft Kairos. Obwohl sich Jerusalem während jener Jahrhunderte zwar unter muslimischer Herrschaft befand, wurde es doch immer wieder von Kriegen und Zerstörung heimgesucht.

12. Weshalb war Jerusalem zur Zeit der Kreuzzüge von Bedeutung?

Mit Beginn der Kreuzzüge rückte Jerusalem in den Mittelpunkt der westlichen Geschichtsschreibung und wurde zum zentralen Versammlungsort der Kreuzfahrer. Im Jahre 1095 bat der byzantinische Kaiser Alexios I. Papst Urban II., daß dieser ihm bei der Rückeroberung jener Gebiete behilflich sein möge, welche er im Kampf gegen die Türken verloren hatte. Papst Urban sagte seine Hilfe zu, und die Kreuzzüge wurden ins Leben gerufen, um jene Gebiete, welche erst kurz zuvor an die Türken gefallen waren, sowie einige andere Gebiete, insbesondere auch Jerusalem, mit Hilfe des Militärs zurückzuerobern. »Für die Kreuzfahrer war Jerusalem sowohl eine tatsächliche wie auch eine visionäre Stadt, ein von einer Mauer umgebener Ort in Palästina wie auch ein Paradies im Heiligen Land.«[15]

Aufgrund einer ganzen Reihe aufrichtig vertretener, heiliger und auch unheiliger Motive machten sich europäische Armeen schließlich im späten elften Jahrhundert gen Osten auf, um Jerusalem, Palästina und das »Heilige Land« zurückzuerobern und erneut unter die Herrschaft des Christentums zu bringen. In erster Linie war ihnen hier an der Rückeroberung Jerusalems gelegen. Der anfängliche Enthusiasmus war enorm und die nachfolgenden Gefechte von großen Grausamkeiten geprägt. Arthur Sinclair schrieb von diesen Kriegern:

> Ohne den religiösen Glauben hätten sich, wenn überhaupt, nur wenige der führenden Kreuzfahrer auf den Weg gemacht, noch hätten diese ihre Barone, Ritter und Fußsol-

> daten ohne einen glühenden Glauben an die Gerechtigkeit ihrer Mission rekrutieren können. Sie waren im Auftrag des Herrn unterwegs. Das rote Kreuz, welches auf jeden Waffen- und Wappenrock aufgenäht war, zeugte von dem göttlichen Schutz, unter dem sie standen, und sollte dem muslimischen Feind eine Warnung sein. Sie waren die Armee Christi, und der Messias führte im Himmel den Troß der himmlischen Heerscharen an ... Für die Kreuzfahrer galt: *Deus hoc vult* (Es ist der Wille Gottes). Der Wille Gottes würde sie auf ihrem Weg bewahren.[16]

Jerusalem wurde von den Kreuzfahrern vom 6. Juni bis zum 15. Juli des Jahres 1099 belagert und schließlich eingenommen und blieb bis ins Jahr 1187 unter der Herrschaft der Kreuzfahrer. Im Jahr 1229 wurde Jerusalem von den Kriegern des dritten Kreuzzuges angegriffen, welche die Stadt bis 1244 verwalteten. 1244 fiel diese schließlich an die Türken und später (1249) an die ägyptischen Mamelucken.

13. Was geschah während der letzten Jahrhunderte mit Jerusalem?

Jerusalem blieb nahezu 300 Jahre unter ägyptischer Kontrolle. 1517 geriet Jerusalem unter die Herrschaft des türkischen Osmanenreiches.

Während dieser Jahrhunderte muslimischer Herrschaft durften sowohl Juden als auch Christen in der Stadt leben, der dominierende religiöse Einfluß zu jener Zeit war jedoch der des Islam. Während des 19. Jahrhunderts richtete Europa erneut seinen Blick auf Jerusalem. England und Frankreich entwickelten ein besonderes Interesse am Nahen Osten, woraufhin sich in den 80er Jahren des 19. Jahrhunderts der Charakter einer »westlichen« Stadt herauszubilden begann.[17]

Teil 4

Wie entwickelte sich die Geschichte Jerusalems in diesem Jahrhundert?

14. Wie kam Jerusalem unter die Herrschaft der Briten?

Bei Ausbruch des Ersten Weltkrieges im Jahre 1914 befand sich Jerusalem noch immer unter der Herrschaft der Türken. Als jedoch Deutschland und dessen Verbündete (einschließlich der Türkei) im Verlauf des Krieges größere Niederlagen erlitten, bereiteten sich die Türken auf die Evakuierung Jerusalems vor. Diese Evakuierung wie auch die Übergabe der Stadt an die britischen Streitkräfte fand im Dezember 1917 statt. Während der nächsten 30 Jahre, bis 1948, verblieb die Stadt unter der Herrschaft der Briten.

15. Was geschah mit Jerusalem bei der Gründung des Staates Israel im Jahr 1948?

Am 14. Mai 1948 wurde Israels Unabhängigkeit erklärt und der Staat Israel gegründet. Ein Jahr zuvor, 1947, hatten die Vereinten Nationen die Teilung Palästinas in einen jüdischen und einen arabischen Staat beschlossen und eine »Internationalisierung« Jerusalems gefordert. Die jüdische Regierung ging widerwillig auf diese Forderung ein, während die Araber zu einer derartigen Einigung nicht bereit waren.[18]

In der Folge kam es nach dem 14. Mai 1948 zwei Wochen lang zu starken Gefechten zwischen der jüdischen und der arabischen Armee. Am 11. Juni 1948 wurde schließlich ein Waffenstillstand ausgerufen, woraufhin der Ostteil Jerusalems nun unter arabischer Herrschaft und der Westteil Jerusalems unter israelischer Herrschaft stand. Die Stadt blieb zwei Jahrzente lang, bis zum Juni 1967, geteilt und war immer wieder der Schauplatz vereinzelter Gefechte und gewaltsamer Auseinandersetzungen.[19]

16. Was geschah während des »Sechs-Tage-Krieges« mit Jerusalem?

Während des Sechs-Tage-Krieges im Juni des Jahres 1967 erzielte Israel eine enorme Anzahl überraschender Siege, einschließlich der Eroberung des Ostteils Jerusalems und der Altstadt, zu welcher auch der Tempelberg gehörte. Der Tempelberg wie auch der Felsendom wurden jedoch zehn Tage nach deren Eroberung als Zeichen des guten Willens vom damaligen Verteidigungsminister Moshe Dayan wieder der religiösen Verwaltung der Muslime unterstellt. Mit Ausnahme dieses territorialen Zugeständnisses war Jerusalem daraufhin, nach nahezu 200 Jahren, erneut eine jüdische Stadt unter jüdischer Herrschaft.

17. Stellt der heutige Staat Israel eine Erfüllung der biblischen Prophetie dar?

Die Bibel lehrt ganz eindeutig, daß das Abraham verheißene Land (einschließlich Jerusalem) den Juden ohne jegliche Vorbehalte versprochen wurde.[20] Wenn sich die Geschichte gegenwärtig am Rande der siebenjährigen Trübsalszeit befindet, dann stellt die heutige Wiederherstellung Israels und Jerusalems den Anfang der Erfüllung biblischer Endzeitprophetien dar.

Wenn wir Gottes Plan für die Endzeit, der sich auf das Volk und die Nation Israel konzentriert, Glauben schenken, dann bedeutet dies nicht, wie manche Kritiker behaupten, daß wir dem Leid der Menschen und den politischen Schwierigkeiten in bezug auf die Beziehungen zwischen Arabern und Israelis und den Problemen der Palästinenser gleichgültig gegenüberstehen.[21] Statt dessen versuchen wir, angesichts der Tatsache, daß wir nicht wissen, wo genau wir uns gerade in der Geschichte und im Plan Gottes befinden, die Bibel treu, beständig und sorgfältig zu interpretieren und in ihrer ganzen Fülle anzuwenden.

18. Wie sollten heutige Christen Jerusalem gegenüberstehen?

Jerusalem hat eine ganz bestimmte Rolle in Gottes Plan für die Zukunft. In unseren Bemühungen, die biblische Prophetie zu deuten und anzuwenden, sollten wir jedoch darauf achten, daß wir bestimmten einzelnen Ereignissen der Gegenwart keine falsche Bedeutung beimessen. Wir sollten auch nicht wahllos jede Handlung der israelischen Regierung billigen und gutheißen. Unser Blick sollte fest auf die Bibel gerichtet sein, und unsere Maßstäbe, aufgrund derer wir die Handlungen bestimmter Personen, Regierungen oder Nationen beurteilen, müssen auf der Bibel begründet sein. Unser Hauptanliegen während des gegenwärtigen Zeitalters sollte in erster Linie in der Errettung aller Menschen bestehen.

19. Wo finden sich in der Bibel wichtige prophetische Hinweise in bezug auf Jerusalem?

Während die Bibel zwar viele Prophetien über Jerusalem enthält, finden sich die wichtigsten und ausführlichsten in Jesaja 60-61, Sacharja 12+14 und Offenbarung 21-22. Diese Bibelstellen enthalten die deutlichsten Prophetien über die Stadt.

Während der Trübsalszeit und der Schlacht von Harmagedon wird Jerusalem sowohl Frieden als auch Krieg erleben. Gemäß Daniel 9,27 wird der Antichrist nach der ersten Hälfte der Trübsalszeit den Bund des Friedens mit Israel brechen, woraufhin eine enorme Verfolgung und großes Leid über Jerusalem und die Welt hereinbrechen wird. Dies wird schließlich zur Schlacht von Harmagedon führen, in welcher Jerusalem einen zentralen Punkt darstellen wird.

> Siehe, ich mache Jerusalem zu einer Taumelschale für alle Völker ringsum. Und auch über Juda: Es wird in Bedrängnis geraten zusammen mit Jerusalem. Und es wird geschehen an jenem Tag, da mache ich Jerusalem zu einem Stemmstein für alle Völker: alle, die ihn hochstemmen wollen, werden sich wund reißen. Und alle Nationen der Erde werden sich gegen es versammeln. An jenem Tag, spricht der Herr, schlage ich alle Pferde mit Scheuwerden und ihre

> Reiter mit Wahnsinn. Über das Haus Juda aber halte ich meine Augen offen, während ich alle Pferde der Völker mit Blindheit schlage (Sacharja 12,2-4).

Am Ende der Trübsalszeit, zu jener entscheidenden Zeit in der Geschichte Jerusalems wie auch in der gesamten Menschheitsgeschichte, wird Jesus, der Messias, wieder auf den Ölberg in Jerusalem zurückkehren und in der Schlacht von Harmagedon die Armeen seiner Feinde zerschlagen. In Sacharja 14, insbesondere in den Versen 2-4 und 8-9 lesen wir:

> Und ich versammle alle Nationen nach Jerusalem zum Krieg; und die Stadt wird eingenommen und die Häuser werden geplündert. Und die Frauen werden geschändet. Und die Hälfte der Stadt wird in die Gefangenschaft ausziehen, aber der Rest des Volkes wird nicht aus der Stadt ausgerottet werden. Dann wird der Herr ausziehen und gegen jene Nationen kämpfen, wie er schon immer gekämpft hat am Tag der Schlacht. Und seine Füße werden an jenem Tag auf dem Ölberg stehen, der vor Jerusalem im Osten (liegt); und der Ölberg wird sich von seiner Mitte aus nach Osten und nach Westen spalten zu einem sehr großen Tal, und die (eine) Hälfte des Berges wird nach Norden und seine (andere) Hälfte nach Süden

> weichen ... Und es wird geschehen, zur Zeit des Abends, da wird Licht werden. Und es wird geschehen an jenem Tag, da werden lebendige Wasser aus Jerusalem fließen, die (eine) Hälfte zum östlichen Meer und die (andere) Hälfte zum hinteren Meer; im Sommer wie im Winter wird es so geschehen. Und der Herr wird König sein über die ganze Erde; an jenem Tag wird der Herr einzig sein und sein Name einzig.

Des weiteren werden sowohl Jerusalem als auch Israel Jesus Christus bei seiner Wiederkehr als den Messias anerkennen:

> Aber über das Haus David und über die Bewohnerschaft von Jerusalem gieße ich den Geist der Gnade und des Flehens aus, und sie werden auf mich blicken, den sie durchbohrt haben, und werden über ihn wehklagen, wie man über den einzigen Sohn wehklagt, und werden bitter über ihn weinen, wie man bitter über den Erstgeborenen weint (Sacharja 12,10).

In Jesaja 60-61 werden die Herrlichkeit Jerusalems und Israels während des Millenniums und der Dienst Jesu während dieser Zeit beschrieben. In Jesaja 60,14-15 lesen wir vom großartigen Ruhm Jerusalems:

> Und gebeugt werden zu dir kommen die Söhne deiner Unterdrücker, und alle, die dich geschmäht haben, werden sich niederwerfen zu deinen Fußsohlen. Und sie werden dich nennen: Stadt des Herrn, Zion des Heiligen Israels. Anstatt daß du eine Entlassene bist und eine Verhaßte und niemand hindurchzieht, will ich dich zum ewigen Stolz machen, zur Freude von Generation zu Generation.

Des weiteren wird die Stadt schließlich auch eine Stadt wahren Friedens sein, denn Gott sagt in Jesaja 60,17-18: »Als deine Wache setze ich Frieden ein und als deine Obrigkeit Gerechtigkeit. Nicht mehr wird man von Gewalttat hören in deinem Land, von Verwüstung und Zusammenbruch in deinen Grenzen; sondern deine Mauern wirst du Rettung nennen und deine Tore Ruhm.«

Jesaja fährt nun fort und zeichnet ein Bild der Zukunft Zions (Jerusalems) während der tausendjährigen Herrschaft des Messias auf der Erde von der Heiligen Stadt aus. Obwohl Jerusalem nun die am häufigsten eroberte und zerstörte Stadt der Menschheitsgeschichte darstellt, werden Gottes Wiederherstellung und Segen über seine geliebte Stadt bei weitem den gesamten Schaden übersteigen, welcher der Stadt im Laufe der Jahrhunderte zugefügt worden ist. Die Wiederherstellung Jerusalems wird weiterhin eine religiöse und wirtschaftliche Blüte innerhalb der Begrenzungen der Stadt herbeiführen.

> Sie werden die uralten Trümmerstätten aufbauen, das früher Verödete wieder aufrichten. Und sie werden die verwüsteten Städte erneuern, was verödet lag von Generation zu Generation. Dann werden Fremde dastehen und eure Schafherden weiden, und Ausländer werden eure Bauern und eure Weingärtner sein. Ihr aber, ihr werdet Priester des Herrn genannt werden; Diener unseres Gottes wird man zu euch sagen. Ihr werdet den Reichtum der Nationen genießen und mit ihrer Herrlichkeit euch brüsten. Weil ihre Schande doppelt war und sie Schmach besaßen als ihr (Erb)teil, darum werden sie in ihrem Land das Doppelte besitzen; ewige Freude wird ihnen (zuteil). Denn ich, der Herr, liebe das Recht, ich hasse den Raub mitsamt dem Unrecht. Und ich werde ihnen ihren Lohn in Treue geben und einen ewigen Bund mit ihnen schließen. Und ihre Nachkommen werden bekannt werden unter den Nationen und ihre Sprößlinge inmitten der Völker. Alle, die sie sehen, werden erkennen, daß sie Nachkommen sind, die der Herr gesegnet hat (Jesaja 61,4-9).

Offenbarung 21 und 22 enthält eine Beschreibung Jerusalems während des Millenniums und der Ewigkeit. Jerusalem wird eine Stadt der Freude sein, deren Tore niemals geschlossen werden. Letztendlich wird es eine Stadt der Reinheit sein, die nur von Gläubigen bewohnt werden wird.

> Und ihre Tore werden bei Tag nicht geschlossen werden, denn Nacht wird dort nicht sein. Und man wird die Herrlichkeit und die Ehre der Nationen zu ihr bringen. Und alles Unreine wird nicht in sie hineinkommen, noch (derjenige), der Greuel und Lüge tut, sondern nur die, welche geschrieben sind im Buch des Lebens des Lammes (Offenbarung 21,25-27).

Teil 5

Was geschieht während der zukünftigen Trübsalszeit mit Jerusalem?

20. Wird Jerusalem während dieser Zeit eine Stadt des Friedens oder eine Stadt des Krieges sein?

Wie an anderer Stelle bereits angemerkt, wird Jerusalem während der Trübsalszeit sowohl

Krieg als auch Frieden erleben. Die Geschichte Jerusalems belegt, daß die Menschen dort stets ein Leben zwischen diesen beiden Extremen geführt haben. Während der Trübsalszeit wird das Pendel sogar noch schneller hin und her schwingen. In der ersten Hälfte der Trübsalszeit wird Frieden in der Stadt herrschen, während jedoch die Katastrophen der Gerichte der Siegel und der Posaunen aus Offenbarung 6,8 u. 9 über die Stadt hereinbrechen werden.

Zu einem bestimmten Punkt während der Trübsalszeit werden die Armeen Gogs und Magogs gegen Israel ziehen, und die Nation wird die in Hesekiel 38-39 beschriebenen Gefechte und Ereignisse erleben. Gott wird diese Kräfte schließlich durch Naturkatastrophen und interne Zwistigkeiten zerstören (Hesekiel 38,17-23).

In der zweiten Hälfte der Trübsalszeit wird die Stadt von Kriegen und Gefechten heimgesucht werden, insbesondere gegen Ende der Trübsalszeit im Anmarsch auf Harmagedon. Gemäß Sacharja 14,1-3 wird es auch am Tag der Wiederkehr Christi in Jerusalem Gefechte geben. Sacharja schreibt:

> Siehe, ein Tag kommt für den Herrn, da verteilt man in deiner Mitte dein Plündergut. Und ich versammle alle Nationen nach Jerusalem zum Krieg; und die Stadt wird eingenommen und die Häuser werden ge-

Der zweite Tempel, der Tempel des Millenniums, wird nach der Trübsalszeit bei der Wiederkehr Christi erbaut werden. Die Existenz des Trübsalstempels wird durch Bibelstellen belegt wie zum Beispiel Daniel 9,27; Matthäus 24,15-16; 2. Thessalonicher 2,3-4 und Offenbarung 11,1-2. Dieser wiederauferbaute Tempel wird eine bedeutende Rolle im Alltag und Gottesdienst der Stadt Jerusalem spielen und wird unter anderem auch dazu dienen, die Nation dazu zu bewegen, Jesus bei seiner Wiederkehr als den Messias anzunehmen.[22]

23. In welcher Beziehung stehen die »beiden Zeugen« aus Offenbarung 11 zu Jerusalem?

Gemäß Offenbarung 11,3-14 werden während der Trübsalszeit zwei einzigartige Zeugen das Evangelium 1260 Tage lang verkünden. Diese beiden Zeugen, welche von Gott auf besondere Art und Weise als Zeugen für Jerusalem und Israel versiegelt wurden, werden ihren Dienst höchstwahrscheinlich während der ersten Hälfte der Trübsalszeit verrichten. Dreieinhalb Jahre lang werden sie das Evangelium in Jerusalem verkünden, ohne daß ihnen irgend jemand einen Schaden zufügen könnte. Am Ende der 1260 Tage werden sie jedoch vom Antichristen getötet werden. Ihre Leichname werden dreieinhalb Tage lang in den Straßen Jerusalems liegen, woraufhin

Gott sie wieder zum Leben erwecken und in den Himmel entrücken wird. Sobald sie in den Himmel emporgestiegen sind, wird ein großes Erdbeben Jerusalem erschüttern, in dessen Verlauf ein Zehntel der Stadt zerstört wird und 7 000 Menschen getötet werden.

Die beiden Zeugen werden in Sackleinen gekleidet sein (Offenbarung 11,3), welches symbolisch für die Tatsache steht, daß es sich bei ihnen um Propheten des Weltuntergangs handelt (vgl. Jesaja 37,1-2; Daniel 9,3). Obwohl Jerusalem zwar nicht ausdrücklich als die Stadt ihres Wirkens benannt wird, besagt Offenbarung 11,8 jedoch, daß ihre Leichname »auf der Straße der großen Stadt (liegen werden), die, geistlich gesprochen, Sodom und Ägypten heißt, wo auch ihr Herr gekreuzigt wurde.« Diese Bezugnahme auf die Kreuzigung ist ein eindeutiges Anzeichen dafür, daß die beiden Zeugen ihren Dienst in Jerusalem versehen werden. Aufgrund des Hinweises auf Sodom und Ägypten können wir davon ausgehen, daß die Stadt während dieser Zeit von Lasterhaftigkeit und der Verfolgung der jüdischen Bevölkerung gekennzeichnet sein wird. Bezüglich des Dienstes dieser beiden Zeugen schreibt Dr. Foos:

> Die Bedeutung dieser speziellen Prophetie in bezug auf Jerusalem ist einzigartig. Diese Prophetie zeigt ganz eindeutig, daß Jerusa-

lem noch nicht die von Gott zugesagte heilige Stadt und Stadt des Friedens ist. Der falsche Messias und dessen gefälschtes System werden nicht in der Lage sein, die von Israel langersehnte Erfüllung bestimmter Versprechen herbeizuführen. Und obwohl Jerusalem unter dem Antichristen viel Leid ertragen muß und das direkte Urteil Gottes erfährt, wendet sich die Stadt noch immer nicht Jahwe zu, sondern tötet erneut dessen Boten, wie sie dies schon immer getan hat.[23]

24. Welche Auswirkungen hat ein wiederhergestelltes Babylon auf die Stadt?

In Offenbarung 17 und 18 finden sich eine ganze Reihe von Prophetien bezüglich eines »wiederhergestellen« Babylons während der Trübsalszeit. Die meisten (jedoch nicht alle) Prophetieexperten verstehen Offenbarung 17, und hier insbesondere Vers 5, als einen symbolischen Hinweis auf eine weltweite religiöse Bewegung. Kapitel 18 wird jedoch als ein Verweis auf ein Wirtschafts- und Handelszentrum angesehen, welches in gewisser Weise mit der gegenwärtigen Stätte der historischen Stadt Babylon in Zusammenhang steht.[24]

Doch ungeachtet des genauen Charakters dieser Stadt ist deren Ende doch gewiß. Am Ende der Trübsalszeit wird Babylon während der Schlacht von Harmagedon innerhalb eines einzigen Tages und einer einzigen Stunde dem Erdboden gleichgemacht werden, genauso wie in Daniel 5 durch Darius (Offenbarung 18,8.10.17.19). Vor seiner Zerstörung wird Babylon jedoch zweifellos das Leben in Jerusalem während der Trübsalszeit mitbestimmen. Im Gegensatz zu Jerusalem wird Babylon jedoch die Wiederkehr Christi und das Millennium nicht miterleben. Dieser Unterschied ist von großer Bedeutung. Dr. Walvoord schreibt hierzu:

> Wie bereits durch frühere Studien belegt, wäre aufgrund der Tatsache, daß die Zerstörung Babylons in der Geschichte bisher nicht vollendet, dies im Alten Testament jedoch häufig vorhergesagt wurde (Jesaja 13-14; 21,9.47; Jeremia 50,51), ein Wiederaufbau der Stadt Babylon und deren endgültige Zerstörung sowohl von symbolischer als auch praktischer Bedeutung für die majestätische Wiederkehr Christi und würde das Ende der Zeiten der Heiden darstellen. Das letzte Weltreich wird von seinem politischen Charakter römisch sein, von seinem geistlichen Charakter her wird es jedoch Babylon, dessen falscher Religion und Anbetung Satans entsprechen.[25]

25. Welche Auswirkungen wird die Schlacht von Harmagedon auf die Stadt haben?

Wie bereits an anderer Stelle angemerkt, erfahren wir in Sacharja 14,1-3, daß es am Tag der Wiederkehr Christi in Jerusalem zu heftigen Kämpfen kommen wird. Doch egal, ob Harmagedon nun lediglich eine einzige Schlacht darstellt oder mehrere Tage oder vielleicht sogar Jahre andauern wird, Harmagedon wird Auswirkungen auf Jerusalem haben. Die Sicherheit Jerusalems wird letztendlich durch die Wiederkehr Christi gewahrt bleiben, doch zuvor wird die Stadt angegriffen werden und viele Menschen werden aus ihr flüchten. Der Sieg in Jerusalem ist gewiß, doch genauso gewiß ist auch, daß dort Gefechte stattfinden werden.

Teil 6

In welcher Beziehung steht Jerusalem zur Wiederkehr Christi?

26. Wo lehrt die Bibel, daß Jesus auf den Ölberg zurückkehren wird?

Im ersten Kapitel der Apostelgeschichte lesen wir, daß Jesus nach der Auferstehung und den 40 Tagen bei seinen Jüngern vom Ölberg aus in den

Himmel auffuhr. Während seine Jünger nun beobachteten, wie Jesus gen Himmel fuhr, erschienen ihnen zwei Engel, welche ihnen sagten, daß Jesus an genau denselben Ort auch wieder zurückkehren würde. Die Engel sprachen zu den Jüngern: »Männer von Galiläa, was steht ihr und seht hinauf zum Himmel? Dieser Jesus, der von euch weg in den Himmel aufgenommen worden ist, wird so kommen, wie ihr ihn habt hingehen sehen in den Himmel« (Apostelgeschichte 1,11).

Die Wiederkehr Christi oder auch das zweite Kommen Christi (nicht die Entrückung) wurde bereits nahezu 600 Jahre zuvor in Sacharja 14,4 vorhergesagt: »Und seine Füße werden an jenem Tag auf dem Ölberg stehen, der vor Jerusalem im Osten (liegt); und der Ölberg wird sich von seiner Mitte aus nach Osten und nach Westen spalten zu einem sehr großen Tal, und die (eine) Hälfte des Berges wird nach Norden und seine (andere Hälfte) nach Süden weichen.« Aufgrund der Tatsache, daß Jesus Christus seine große prophetische Rede bezüglich seiner Wiederkehr auf dem Ölberg gehalten hat, können wir davon ausgehen, daß er auch an genau denselben Ort wieder zurückkehren wird (Matthäus 24-25).

Sechzig Jahre nach Christi Himmelfahrt schrieb der Apostel Johannes in Offenbarung 19,11-16 ebenfalls von Christi Wiederkehr auf die Erde, wobei der Ölberg hier allerdings nicht ausdrücklich erwähnt wird. Die Wiederkehr

Christi sollte jedoch nicht mit der Entrückung verwechselt werden, welche sieben Jahre zuvor stattfinden und in 1. Thessalonicher 4,14-17 beschrieben wird. Diese beiden Erscheinungen Jesu sind zwei vollkommen separate und unterschiedliche Ereignisse.[26]

27. Stellen die Wiederkehr Christi und die Entrückung zwei verschiedene Ereignisse dar?

Nach der Entrückung beginnt die siebenjährige Trübsalszeit, und am Ende dieser Trübsalszeit wird die Wiederkehr Christi erfolgen. Viele Textstellen der Bibel legen Zeugnis davon ab, daß es sich hierbei um zwei verschiedene Ereignisse handelt. Bei der Entrückung kehrt Jesus nicht auf die Erde oder nach Jerusalem zurück, sondern begegnet der Gemeinde in der Luft. Bei seinem zweiten Kommen kehrt Jesus zusammen mit den Heiligen, wie in Sacharja 14,4-5 und Matthäus 24,27-31 vorhergesagt, auf die Erde und nach Jerusalem zurück.[27]

28. Weshalb kehrt Christus nach Jerusalem und nicht in irgendeine andere Stadt zurück?

Christus wird nach Jerusalem zurückkehren, um die Welt zu richten und sein tausendjähriges Reich anzutreten. In Erfüllung der Prophetien des Alten Testamentes, welche besagen, daß ein

Nachkomme Davids der Messias und König über Israel sein wird, wird er vom Thron Davids aus regieren. Aufgrund des Thrones Davids und der geistlichen Wiederherstellung Israels wird er auch seine Universalherrschaft von Jerusalem aus errichten. Dr. Walvoord schreibt hierzu:

> Von Jerusalem aus wird er über das Haus Israel herrschen (Jes.2,1-4), und von dort aus wird er auch als König der Könige und Herr der Herren über die gesamte Erde regieren (Psalm 72,8-11, 17-19) ... Während des Millenniums wird die endgültige Wiederherstellung Israels erfolgen. Zu Beginn des tausendjährigen Königreiches wird Israel zum letzten Mal und für alle Zeiten versammelt werden (Hesekiel 39,25-29; Amos 9,15). Christi Herrschaft über Israel wird von Herrlichkeit geprägt sein und eine vollkommene und wörtliche Erfüllung der Zusagen Gottes an David darstellen (Jeremia 23,5-8).[28]

Keine andere Stadt könnte diese Prophetien erfüllen oder die Herrschaft und Wiederherstellung Israels ermöglichen. Jerusalem wird weiterhin von großer biblischer, prophetischer wie auch weltweiter Bedeutung sein, welche bei der Wiederkehr Christi noch zunehmen wird.

Teil 7

Wie sieht die Zukunft Jerusalems während des Millenniums aus?

29. Welche physischen Charakteristika kennzeichnen die Stadt während dieser Zeit?

In Sacharja 14,10 finden wir einen Hinweis darauf, daß die Topographie Jerusalems wie auch deren Umgebung nach der Schlacht von Harmagedon eine Veränderung erfahren wird.

> Das ganze Land wird sich verwandeln, (so daß es wird) wie die Niederung von Geba bis Rimmon im Süden von Jerusalem. Jerusalem selbst aber wird erhaben sein und an seiner Stätte bleiben, vom Tor Benjamin bis zur Stelle des ersten Tores, bis zum Ecktor, und vom Turm Hananel bis zu den Kelterkufen des Königs.

Die Zeichnung auf Seite 59 zeigt die Struktur Jerusalems während des Millenniums im Vergleich zur restlichen Fläche Israels.

Dr. Walvoord schreibt über diese Veränderungen.

> All diese Veränderungen werden Jerusalem über die restliche Umgebung erhöhen und die Topographie Palästinas den Bedingun-

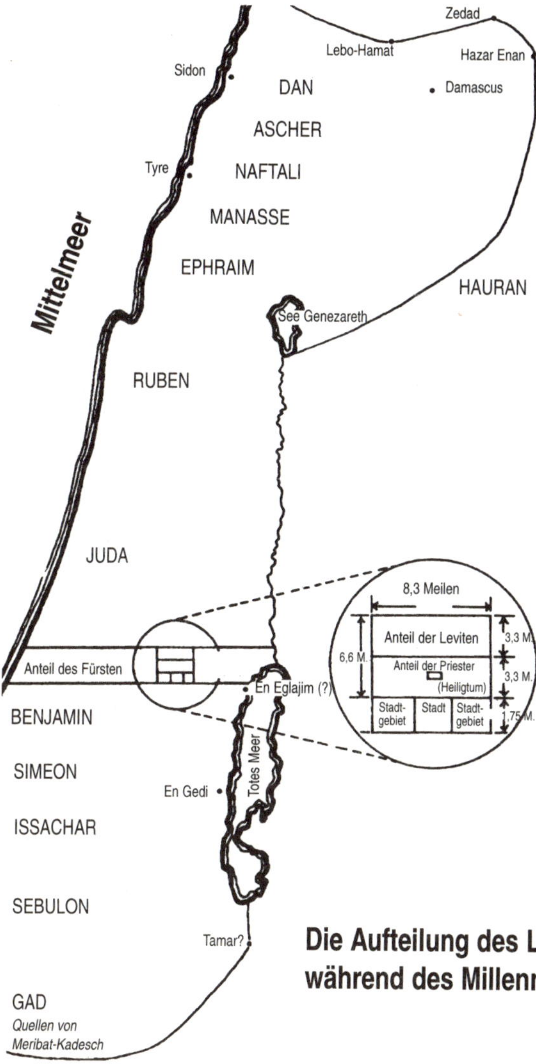

Die Aufteilung des Landes während des Millenniums

> gen des Tausendjährigen Reiches anpassen. Auch der Tempel Hesekiels, welcher auf dem bisherigen Gebiet Palästinas nicht untergebracht werden könnte, wird dort zu finden sein.[29]

Die ausführlichste Beschreibung der physischen Gegebenheiten des zukünftigen, wiederauferbauten Tempels in Jerusalem während des Millenniums findet sich in Hesekiel 40-48. Diese Kapitel erzählen jedoch nur wenig über das tägliche Leben außerhalb des Tempels, lassen jedoch auf das Vorhandensein einer Stadt schließen.

In Hesekiel 47,1-12 wird von einem lebenspendenden Fluß berichtet, der gen Osten fließt, sich mit dem Jordan in der nördlichen Mündung des Toten Meeres vereinigt und dessen Quelle sich im Tempel befindet (Hesekiel 47,6-12). Interessanterweise werden diese topographischen Veränderungen eine Belebung des Toten Meeres zur Folge haben, woraufhin dieses zu einem Frischwasser-Reservoir wird. Eine derartige Veränderung ist ein anschauliches Beispiel dafür, daß die Natur während des Tausendjährigen Reiches eine Heilung erfahren wird, während die Flüche Adams und Noahs zurückgenommen werden.

30. Welche geistlichen Charakteristika kennzeichnen die Stadt während dieser Zeit?

Während des Millenniums wird Jerusalem der zentrale Punkt aller irdischen Aktivitäten sein, insbesondere der Anbetung Jesu Christi.

Dr. Walvoord merkt hierzu an:

> Im geistlichen Leben während des Millenniums wird die Tatsache von zentraler Bedeutung sein, daß Christus in seiner großen Herrlichkeit während dieser Zeit gegenwärtig sein wird und von der Welt gesehen werden kann ... Diese herrliche Gegenwart Christi während des Tausendjährigen Reiches stellt natürlich das Zentrum der Anbetung und des geistlichen Lebens dar. Die vielen Schriftstellen, welche sich mit diesem Thema beschäftigen und auf vernünftige Art und Weise weder auf das gegenwärtige Zeitalter angewandt, noch auf den Himmel beschränkt werden können, verweisen auf das tausendjährige Köngreich Christi auf Erden.[30]

Jesus Christus wird der Gegenstand der Anbetung in Jerusalem sein. Der Gottesdienst wird im tausendjährigen Tempel erfolgen, wie beschrieben in Jeremia 33,15-22, Hesekiel 40-48 und Sacharja 14,16-21. Über den Zweck des Tempels lesen wir in Hesekiel 37,26-28:

> Und ich schließe mit ihnen einen Bund des Friedens, ein ewiger Bund wird es mit ihnen sein; den gebe ich ihnen und lasse sie zahlreich werden und setze mein Heiligtum in ihre Mitte für ewig. Und meine Wohnung wird über ihnen sein; und ich werde ihnen zum Gott und sie werden mir zum Volk sein. Und die Nationen werden erkennen, daß ich der Herr bin, der Israel heiligt, wenn mein Heiligtum für ewig in ihrer Mitte ist.

Während dieser Jahre wird auch der neue Bund, von dem Jeremia 31,31-37 wie auch Christus während des Abendmahles sprechen, erfüllt werden. Jeremia erklärte:

> Sondern das ist der Bund, den ich mit dem Haus Israel nach jenen Tagen schließen werde, spricht der Herr: Ich werde mein Gesetz in ihr Inneres legen und werde es auf ihr Herz schreiben. Und ich werde ihr Gott sein, und sie werden mein Volk sein. Dann wird nicht mehr einer seinen Nächsten oder einer seinen Bruder lehren und sagen: Erkennt den Herrn! Denn sie alle werden mich erkennen von ihrem Kleinsten bis zu ihrem Größten, spricht der Herr. Denn ich werde ihre Schuld vergeben und an ihre Sünde nicht mehr denken (Verse 33-34).

Dr. Walvoord faßt diese Zeit zusammen und sagt:

> Das geistliche Leben zur Zeit des Millenniums wird von Heiligkeit und Gerechtigkeit charakterisiert sein, von Freude und Frieden, Geistesfülle und der Anbetung des herrlichen Christus. Die Tatsache, daß Satan gefesselt sein wird und die Dämonen nichts ausrichten können, wird eine Weltkulisse darstellen, vor welcher das geistliche Leben zu seiner Fülle gelangen kann.[31]

Auf der ganzen Welt, insbesondere jedoch in Jerusalem, werden Frieden, religiöse Harmonie und die vereinte Anbetung Jesu Christi herrschen. Während dieser Tage wird Jerusalem letztendlich, wie von Jesaja vohergesagt, voll und ganz eine Stadt wahrhaften Friedens sein:

> Und es wird geschehen am Ende der Tage, da wird der Berg des Hauses des Herrn feststehen als Haupt der Berge und erhaben sein über die Hügel; und alle Nationen werden zu ihm strömen. Und viele Völker werden hingehen und sagen: Kommt, laßt uns hinaufziehen zum Berg des Herrn, zum Haus des Gottes Jakobs, daß er uns aufgrund seiner Wege belehrte und wir auf seinen Pfaden gehen! Denn von Zion wird Weisung ausgehen und das Wort des Herrn von Jerusalem. Und er wird richten zwischen den Nationen und für viele Völker

Recht sprechen. Dann werden sie ihre Schwerter zu Pflugscharen umschmieden und ihre Speere zu Winzermessern. Nicht (mehr) wird Nation gegen Nation das Schwert erheben, und sie werden den Krieg nicht mehr lernen (Jesaja 2,1-4).

31. Welche politischen Charakteristika kennzeichnen die Stadt während dieser Zeit?

Jesus Christus wird seine Theokratie von Jerusalem aus errichten und von dort aus während des Millenniums herrschen. Von Jerusalem ausgehend wird überall Gerechtigkeit und Frieden herrschen (Jesaja 2,3-4; 11,2-5). Jeremia hielt Gottes Versprechen bezüglich dieser Zeit fest, in welcher ein Nachkomme Davids als König und Messias in Recht und Gerechtigkeit regieren würde:

> In diesen Tagen und zu dieser Zeit werde ich dem David einen Sproß der Gerechtigkeit hervorsprossen lassen, der wird Recht und Gerechtigkeit üben im Land. In jenen Tagen wird Juda gerettet werden, und Jerusalem wird in Sicherheit wohnen. Und das wird (sein Name) sein, mit dem man es benennt: Der Herr, unsere Gerechtigkeit (Jeremia 33,15-16).

Eintausend Jahre lang wird Jerusalem unter der gerechten Herrschaft Jesu Christi Frieden und Wohlstand erleben. Und schließlich wird sich die Herrlichkeit des Landes Immanuels von der Heiligen Stadt aus auf alle Bereiche des täglichen Lebens übertragen.[32]

32. Was geschieht am Ende des Millenniums mit der Stadt?

Am Ende des Millenniums werden die Fesseln Satans gelöst werden und es wird zu einer letzten Rebellion gegen Gott kommen (Offenbarung 20,3.7-10). Satan und seine Kräfte werden sich um Jerusalem versammeln. Sie werden versuchen, Jerusalem zu zerstören, letztendlich jedoch von Gott durch Feuer vom Himmel vernichtet werden. (Der Hinweis auf Gog und Magog bezieht sich nicht auf dieselbe Schlacht oder dieselben Personen aus Hesekiel 38-39). Nach diesem Ereignis wird eine Zeit des letzten Gerichts (Offenbarung 20,11-15) sowie die endgültige Zerstörung der Erde durch Feuer stattfinden (Matthäus 24,35; 2. Petrus 3,10). Die irdische Stadt Jerusalem wird zusammen mit dem Rest der Erde ein Opfer der Flammen werden und durch eine neue Stadt ersetzt werden, das neue Jerusalem (Offenbarung 3,12; 21,1-2).

Teil 8

Welche Rolle wird Jerusalem in der Ewigkeit spielen?

33. Weshalb wird die Stadt weiterhin bestehen bleiben?

Gott scheint daran gelegen zu sein, den geliebten Namen Jerusalems als jenen Namen weiterzuführen, welcher mit seiner Herrlichkeit und Gegenwart verbunden wird. Das neue Jerusalem aus Offenbarung 3,12 und 21-22 (siehe auch Hebräer 11,8-10; 12,22-25) wird vom Himmel herabkommen und während der Ewigkeit Bestand haben. Es wird der Wohnort der Erlösten aller Zeiten sein, die Gott für alle Ewigkeit dienen werden (Offenbarung 22,3).

Die Bibel beginnt in einer unberührten Gartenlandschaft, welche der Mensch urbar machen sollte. Statt dessen lehnt sich der Mensch jedoch gegen Gott auf, wird aus dem Garten vertrieben und entwickelt in seiner Stadt, Babylon, eine Kultur der Rebellion. Jesu Christi Eingriff in die Geschichte führt jedoch zu einer gerechten Herrschaft, die in der Ewigkeit von einer neuen Menschheit ausgeübt werden wird und sich in der Entwicklung einer neuen Stadt ausdrückt – dem neuen Jerusalem.

34. Wie groß wird das neue Jerusalem sein?

In Offenbarung 21,16-17 erfahren wir, daß die Stadt viereckig angelegt sein wird und in Länge, Breite und Höhe je 2414 km messen wird.

> Und die Stadt ist viereckig angelegt, und ihre Länge ist so groß wie die Breite. Und er maß die Stadt mit dem Rohr auf 12000 Stadien; ihre Länge und Breite und Höhe sind gleich. Und er maß ihre Mauer, 144 Ellen, eines Menschen Maß, das ist eines Engels (Maß).

Das neue Jerusalem würde also in heutigen Dimensionen zwei Drittel des amerikanischen Kontinentes einnehmen, von Maine bis nach Florida reichen und vom Atlantik bis knapp 1000 km westlich des Mississippis, bis zu den Staaten Nebraska und Kansas.

Bezüglich der genauen Form der ewigen Stadt gibt es jedoch unterschiedliche Ansichten. David Cooper war der Meinung, die Stadt würde, wie in untenstehender Zeichnung dargestellt, die Form eines Würfels einnehmen.[33]

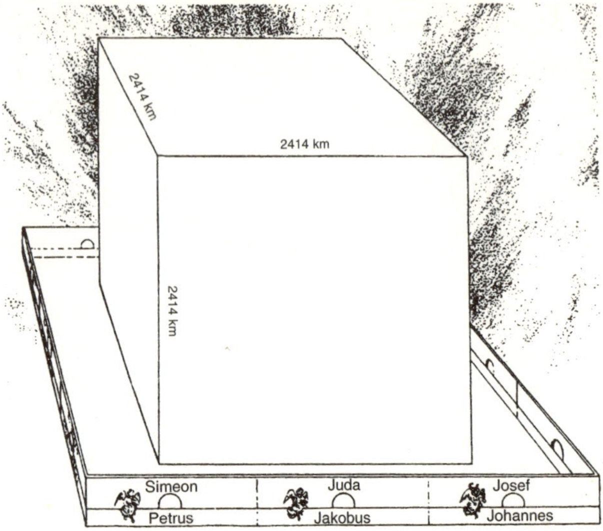

Clarence Larkin stellte sich das künftige Jerusalem als Pyramide vor.[34]

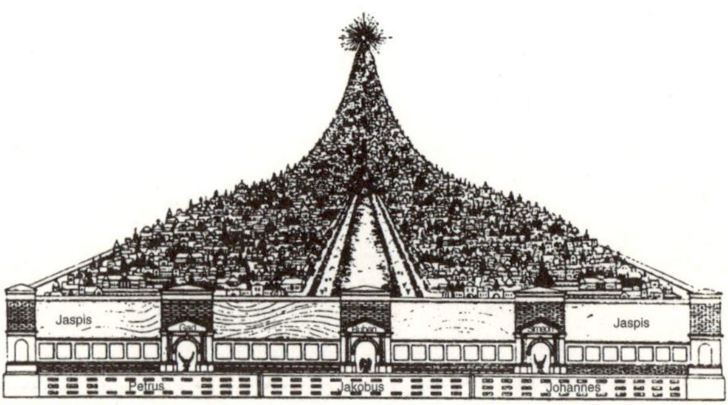

Doch egal, welche Form die zukünftige Stadt Jerusalem nun auch einnehmen mag, sie wird sich aufgrund ihrer vertikalen Dimensionen auf alle Fälle von heutigen Städten unterscheiden. Vielleicht stellt dieser vertikale Aspekt ja die während jener Zeit herrschende Harmonie zwischen Himmel und Erde dar.

35. Wird Jerusalem während der Ewigkeit eine »irdische« oder eine »himmlische« Stadt sein?

In Johannes 14,2-3 sagte Jesus seinen Jüngern, daß er in den Himmel gehen würde, um einen Ort für die Gläubigen vorzubereiten. Allem Anschein nach handelt es sich bei diesem Ort um das himmlische Jerusalem.

Das neue Jerusalem wird deshalb während der gesamten Ewigkeit eine himmlische Stadt sein, weil ihre Ursprünge himmlischer Natur sind und sie nicht auf dieser Erde gebaut wurde. Jerusalem wird auch irdischer Natur sein, indem es physisch und geographisch faßbar ist. Jerusalem wird der irdische Teil des neuen Himmels und der neuen Erde sein, welche nach der Zerstörung an die Stelle des gegenwärtigen Himmels und der gegenwärtigen Erde treten werden. Nachdem die gegenwärtige Erde vom Feuer zerstört worden ist (2. Petrus 3,10), wird die neue Stadt vom Himmel herabkommen.

> Und ich sah einen neuen Himmel und eine neue Erde; denn der erste Himmel und die erste Erde waren vergangen, und das Meer ist nicht mehr. Und ich sah die heilige Stadt, das neue Jerusalem, aus dem Himmel von Gott herabkommen, bereitet wie eine für ihren Mann geschmückte Braut. Und ich hörte eine laute Stimme vom Thron her sagen: Siehe, das Zelt Gottes bei den Menschen! Und er wird bei ihnen wohnen, und sie werden sein Volk sein, und Gott selbst wird bei ihnen sein, ihr Gott (Offenbarung 21,1-3).

Offenbarung 21-22 enthält eine sehr genaue und detaillierte Beschreibung der Stadt, ihrer Bewohner und des Segens der Ewigkeit. Obwohl wir zwar noch immer viele Fragen über die Ewigkeit haben mögen, so läßt die Vision des Johannes keinen Zweifel daran, daß dieses neue Jerusalem, *die* ewige Stadt sein wird, eine Stadt, wie sie die Welt noch nicht gekannt hat.

36. Wird es auch noch andere Städte geben?

Die Bibel erwähnt keine weitere Stadt der Ewigkeit, und es besteht auch kein Grund, weshalb wir davon ausgehen sollten, daß es auch noch andere Städte geben könnte. Durch die Geschichte hindurch ist nur Jerusalem eine einzigartige und von Gott erwählte Stadt gewesen. Keine andere Stadt hat bisher die Bedeutung Jerusalems erreicht und wird sie jemals erreichen. Auch der Feuersee wird in der Bibel nicht als Stadt beschrieben.

Teil 9

Weshalb ist dies heute von Bedeutung?

37. Welche Auswirkungen haben die Prophetien bezüglich Jerusalems auf mein tägliches Leben?

Für die meisten von uns ist Jerusalem weit weg, ein Punkt auf der Landkarte oder eine Abbildung im *National Geographic*. Nur wenige von uns werden jemals dorthin gelangen und noch weniger werden dort leben. Die Existenz und Zukunft der Stadt ist jedoch aufgrund ihrer Rolle in der Geschichte für die ganze Welt von Bedeutung. Wir Christen müssen Gottes Plan für die Geschichte kennen, wenn wir die Welt, in der wir leben, wirklich verstehen, evangelisieren und zur Umkehr bewegen wollen.

Genauso wie Paulus Timotheus ermutigte, als er ihm schrieb: »Alle Schrift ist von Gott eingegeben und nützlich zur Lehre, zur Überführung, zur Zurechtweisung, zur Unterweisung in der Gerechtigkeit« (Timotheus 3,16), so leben und glauben auch wir dasselbe. Was nun auf jegliche biblische Prophetie zutrifft, trifft auch auf Jerusalem und die Prophetie zu.

Weshalb sollten wir uns mit den Prophetien der Bibel beschäftigen? Besteht unser Ansinnen darin, Skizzen und Grafiken anzufertigen und unsere Köpfe mit Fakten anzufüllen? Wenn das der Fall ist, dann beschäftigen wir uns mit der biblischen Prophetie nicht so, wie Gott dies beabsichtigt hat. Gott hat uns seinen Plan für die Zukunft offenbart, doch dies tat er, um uns zur Umkehr zu bewegen, um eine Veränderung in unserem Leben herbeizuführen. Unsere Antwort auf die Prophetie sollte in einem Gefühl der Ehrfurcht vor und des Staunens über den Gott des Universums bestehen, der uns die Dinge der Zukunft vorhersagen und auch dafür sorgen kann, daß diese wirklich eintreten. Wir sollten ein Gefühl des Trostes und der Ermutigung verspüren, wenn wir erkennen, daß sich der Gott, der das Schicksal ganzer Nationen bestimmen kann, genauso auch um die Details unseres Lebens kümmern kann. Diese Erkenntnis sollte zu einer inneren Stabilität und Reife in uns führen, während wir uns dagegen weigern, uns von den Umständen, in denen wir uns gerade befinden, aus dem Konzept bringen

zu lassen. Schließlich sollte uns unsere Kenntnis des Planes Gottes auch zu einer heiligen Lebensführung motivieren, da wir eines Tages vor ihm stehen und ihm Rechenschaft ablegen werden.[35]

Nicht selten sehen wir aufgrund unserer geistigen Kurzsichtigkeit zu oft nur die »Mühen des Alltags«. In dem Moment, in welchem wir jedoch unseren Blickwinkel verändern und unsere ewige Bestimmung aus der Perspektive Gottes heraus sehen, werden wir erkennen müssen, daß die Zukunft jedes Gläubigen ganz eng mit einer Stadt names Jerusalem verbunden ist. Die Beschäftigung mit der Prophetie ist nicht nur wichtig, sie geht auch jeden Menschen ganz persönlich an.

38. Wie sollte ich für Jerusalem und den Nahen Osten beten?

Journalisten, Diplomaten, Politiker und Historiker verwenden des öfteren den Ausdruck »Frieden und Wohlstand«. Vom Blickpunkt der Bibel her gesehen wäre der Ausdruck »Frieden und Errettung« jedoch der passendere. Wir sollten jeden Tag für den Frieden im Nahen Osten beten, damit sich das Evangelium und die Botschaft Jesu Christi ungehindert verbreiten können (1. Timotheus 2,1-4). In Anerkennung des prophetischen Planes Gottes sollten wir für Frieden

in dieser Region und für die Errettung aller Bewohner dieser Region beten.

Schmerz, Stolz, Vorurteile und politische Auseinandersetzungen sind reale Tatsachen im Nahen Osten. Das Leid ist groß und die Lösungen nur von kurzer Dauer. Und dennoch sind die Prophetien genauso real wie die Probleme, und die Lösungen dieser Probleme sind in der Bibel und dem Erretter zu finden.

Während wir nun auf die Wiederkehr Jesu Christi, des Messias und Königs, warten, sollten wir die Worte König Davids im Gedächtnis behalten und beachten:

> Erbittet Heil für Jerusalem! Ruhe sollen die haben, die dich lieben! Heil sei in deinen Festungswerken, sichere Ruhe in deinen Palästen. Um meiner Brüder und meiner Freunde willen will ich sagen: Heil sei in dir (Psalm 122,6-8).

Bevor dieses Gebet jedoch endgültig erhört werden kann, wird Jerusalem zunächst noch eine Zeit schrecklichen Kummers und Leids erleben, wie es die Stadt in ihrer langen Geschichte noch nie erlebt hat. Erst bei der Wiederkehr Christi, welche nach den Schrecken und Verwüstungen der siebenjährigen Trübsalszeit stattfinden wird, wird sich Friede über die Stadt legen. Jerusalem wird wieder Frieden erleben, doch zuvor muß es viel Leid und Kummer ertragen. Deshalb stellen auch

Gebete um Frieden in Jerusalem stets Gebete um eine zügige Vollendung des Planes Gottes dar, der besagt, daß eine Zeit der Trübsal der Zeit des Friedens vorangehen wird.

39. Sollten oder können Christen Zionisten sein?

Der Zionismus war und ist in erster Linie eine politische Bewegung. Uns Christen sollte während des gegenwärtigen Zeitalters in bezug auf Israel und Jerusalem *hauptsächlich* an der Errettung der Juden gelegen sein und nicht an einem Patriotismus für die Israelis. In den Jahrzehnten vor dem Jahr 1948 sprachen sich Evangelikale entschieden für die zionistischen Forderungen nach der Schaffung eines Staates Israel aus, und diese Unterstützung blieb bis heute ungebrochen. Sie basiert zu Recht auf der Auffassung eines bedingungslosen »Landversprechens« an Abraham. Obwohl es sich hierbei nun um eine korrekte Interpretation handelt, sollten wir jedoch mit deren Anwendung äußerst sorgfältig umgehen. Eine *unqualifizierte* Verschmelzung von Politik, Nationalismus und der Bibel stellt ein Extrem dar, welches auf alle Fälle vermieden werden sollte, egal, um welche Nation es sich hierbei handelt, sei es nun Israel, die Vereinigten Staaaten oder irgendein anderes Land. Wir müssen uns über die Welt um uns herum auf dem laufenden halten, und wir müssen die Welt zu einem Verhalten gemäß biblischen Maßstäben und biblischen Prinzipien aufrufen. Wir sollten für alle Christen im Nahen Osten beten und eine Lösung der mannigfaltigen Probleme dieser Region unterstützen.

Die Politik des Nahen Ostens ist von Sprunghaftigkeit und Schwierigkeiten geprägt.[36] Christen sollten nicht unkritisch die Politik des gegenwärtigen Staates Israel unterstützen, nur weil Israel eine bedeutende Rolle in der Bibel und der Prophetie einnimmt. Unsere Unterstützung sollte nicht bedingungslos erfolgen, sie sollte auf der Bibel basieren und in Kenntnis der gegebenen Tatsachen erfolgen. Dies zeigt sich auch in unserem Verhältnis zu unserem eigenen Land. Wir unterstützen zwar unser Land, aber nicht selten werden wir auch mit den verschiedenen Taktiken und politischen Ansichten derjenigen nicht übereinstimmen, welche die Politk und die Regierung unseres Landes bestimmen. Genauso müssen wir auch bereit sein, Gottes erwähltes Volk, die Juden, bei Bedarf vom gegenwärtigen Staat Israel zu unterscheiden. Dem erwählten Volk müssen wir stets unsere Unterstützung gewähren, während dies bei dem israelischen Staat nicht immer der Fall ist.

40. Ist dies alles denn nicht nur reine Spekulation?

Amos Elon, einer der bekanntesten Schriftsteller Israels, hat sicherlich recht, wenn er schreibt: »...

unser Verstand hat uns stets zu einer gewissen Zurückhaltung in bezug auf Jerusalem geraten.«[37] Die Prophetien bezüglich der Zukunft Jerusalems sind genauso zuverlässig wie andere biblische Prophetien, von welchen viele bereits erfüllt wurden. Die Prophetien unterliegen zwar stets der Möglichkeit, falsch interpretiert zu werden, hierdurch werden jedoch nicht die Prophetien ungültig, sondern lediglich die jeweilige Interpretation. Dies sollte für uns allerdings keinen Grund darstellen, der prophetischen Literatur und der Beschäftigung mit dem Wort Gottes den Rücken zu kehren. In der Bibel finden sich nicht ohne Grund unzählige Hinweise auf Jerusalem. Unsere Verantwortung besteht nun darin, das Wort der Wahrheit richtig anzuwenden (2. Timotheus 2,15).

Schlußbemerkung

Jerusalem ist in seiner 3000jährigen Geschichte mehr als zwei Dutzend Mal belagert, geplündert und erobert worden. Eine Aufzählung derer, welche die Stadt erobert, regiert oder zu regieren versucht und ihr Schicksal bestimmt haben, liest sich wie ein Who's Who der Geschichte. Und dennoch ist keine dieser Personen auch nur annähernd so wichtig wie der eine, der letztendlich über die Stadt regieren wird. Jerusalem hat über die Jahrhunderte hinweg immer wieder in vielerlei Hinsicht eine große Anziehungskraft auf alle möglichen Menschen ausgeübt. Zu seinen Bewohnern zählten Propheten, Priester, Pilger, Potentaten und Patrioten. Die Stadt stellte einen Anziehungspunkt dar für Gerechte und Ungerechte, Heilige und Sünder gleichermaßen. Doch eines Tages wird die Stadt der Wohnort der Erlösten aller Zeiten sein, welche ihren Herrn in alle Ewigkeiten anbeten und ihm dienen werden, denn es heißt:

> Und keinerlei Fluch wird mehr sein; und der Thron Gottes und des Lammes wird in ihr sein; und seine Knechte werden ihm dienen, und sie werden sein Angesicht sehen; und sein Name wird an ihren Stirnen sein. Und Nacht wird nicht mehr sein, und sie bedürfen nicht des Lichtes einer Lampe

und des Lichtes der Sonne, denn der Herr, Gott, wird über ihnen leuchten, und sie werden herrschen von Ewigkeit zu Ewigkeit (Offenbarung 22,3-5).

Anhang: Wird das himmlische Jerusalem während des Millenniums gegenwärtig sein?

Bezüglich der Frage, wo sich das himmlische Jerusalem während des Millenniums befinden wird, besteht Uneinigkeit zwischen manchen Bibelexperten und Prophetiefachkundigen, welche sich mit der Zukunft Jerusalems beschäftigt haben. Einige sind der Ansicht, es werde bis zum Anbruch der Ewigkeit im Himmel verbleiben. Andere sind der Meinung, es werde während des Millenniums gegenwärtig sein, oberhalb des irdischen Jerusalems in den Lüften schweben und der Wohnort der auferstandenen Gläubigen sein.

Während nun die meisten dieser Menschen darin übereinstimmen, daß Offenbarung 21 und 22 eine Beschreibung des himmlischen Jerusalems darstellen, interpretieren doch einige diese Textstellen als eine Beschreibung Jerusalems während des Millenniums. Wieder andere sehen darin eine Beschreibung des himmlischen Jerusalems während der Ewigkeit. Schließlich gibt es noch eine Vermischung dieser Ansichten, die in diesen Textstellen eine Beschreibung des ewigen Wohnortes der auferstandenen Heiligen während des Millenniums sieht, welcher auch in der Ewigkeit weiterbestehen wird.

Bezüglich dieser Zwischenposition schreibt Dr. J. Dwight Pentecost:

> Bezüglich der Beschreibung der Bewohner der Stadt dürfen wir nicht vergessen, daß diese sich in ihrem Ewigkeitszustand befinden, ihr ewiges Erbe angetreten haben und für alle Zeiten eine Beziehung zu dem Gott unterhalten, der unter ihnen wohnt. Es wird keine Veränderung bezüglich ihrer Position oder Beziehung stattfinden. Die Beschreibung der Bewohner der Erde zeigt diese während des Millenniums. Sie unterhalten eine feste Beziehung zu der himmlischen Stadt, welche sich über ihnen befindet und in deren Licht sie sich bewegen. Und dennoch ist ihre Position weder ewig noch unveränderlich, sondern stellt vielmehr ihre Position während des Millenniums dar.[38]

Doch egal, welche Ansicht wir bezüglich der Möglichkeit eines »himmlischen Jerusalems« auch einnehmen mögen, welches während des Millenniums über der Erde schweben und den Wohnort aller Auferstandenen darstellen wird, so sagt die Bibel doch ganz klar, daß es sowohl eine irdische Stadt Jerusalem wie auch ein neues himmlisches Jerusalem geben wird. Die Frage ist nur, zu welchem Zeitpunkt der Geschichte das himmlische Jerusalem in Erscheinung treten wird. Allgemeine Übereinstimmung besteht jedoch darin, daß beide eine Rolle im Plan Gottes für die Geschichte spielen werden.

Eine kurze Chronologie Jerusalems

vor Christus

ca. 2000-1600	– Bekannt als Urussalimu
ca. 1390-1003	– Stadt der Jebusiter
1004	– Eroberung und Befestigung der Stadt durch David (Josua 15,63; 1. Chronik 11,5)
1004-970	– Herrschaft Davids von Jerusalem aus
996	– David erklärt Jerusalem zu seiner Hauptstadt
966-959	– Salomo erbaut den ersten Tempel
597	– Eroberung durch den Babylonierkönig Nebukadnezar
587	– Nebukadnezar zerstört Jerusalem
515	– Weihung des wiederauferbauten Tempels (»zweiten Tempels«) durch Serubbabel
332	– Alexander der Große erhält von den Persern die Kontrolle über Jerusalem
323	– Antigonos erlangt Kontrolle
301-200	– Herrschaft des Ptolemaios

198	–	Eroberung durch Antiochus
175-164	–	Herrschaft Antiochus IV. (Antiochus Epiphanes)
168	–	Entweihung des Tempelaltars durch Antiochus
167-163	–	Aufstand der Makkabäer und Herrschaft der Hasmonäer
63	–	Eroberung durch den römischen Feldherrn Pompejus
40	–	Plünderung durch die Parther aus Persien
37-4	–	Rom ernennt Herodes zum König
20	–	Wiederaufbau des Tempels beginnt
5/4 (Winter)	–	Geburt Jesu in Bethlehem
4 v. Chr.- 6 n. Chr.	–	Herrschaft des Archelaos, des Sohnes des Herodes

nach Christus

6-41	–	Herrschaft römischer Prokuratoren (Pontius Pilatus in den Jahren 26-36)
33 (März)	–	Triumphaler Einzug Jesu
41-44	–	Herrschaft Herodes Agrippas
44-66	–	Herrschaft römischer Prokuratoren
66-70	–	jüdischer Aufstand

70	–	Zerstörung Jerusalems unter dem röm. Feldherrn Titus
70-330	**–**	***Herrschaft der Römer***
135	–	Wiederaufbau der Stadt zur römischen Kolonie Aelia Capitolina
330-638	**–**	***Herrschaft der Byzantiner***
614	–	Eroberung und Plünderung durch die Perser
638-1099	**–**	***Herrschaft der Araber***
638	–	Eroberung durch die Araber
692	–	Fertigstellung des Felsendomes
1099	–	Belagerung und Eroberung durch Christen während des ersten Kreuzzuges
1099-1187	**–**	***Herrschaft der Kreuzfahrer***
1187	–	Eroberung durch muslimische Armee unter Saladin
1187-1229	**–**	***Herrschaft der Araber***
1219	–	Niederreißen der Mauern durch Malik al-Muazzam Isa
1229-1244	**–**	***Herrschaft der Kreuzfahrer***
1244-1260	**–**	***Herrschaft der Araber***
1260	–	Eroberung durch die Mongolen und Rückeroberung durch die Mamelucken
1260-1516	**–**	***Herrschaft der Araber***
1516	–	Eroberung durch die Osmanen
1517-1917	**–**	***Herrschaft der Osmanen***

1542	–	Wiederaufbau der heutigen Stadtmauern unter dem türkischen Sultan Suleiman dem Prächtigen
1831	–	Besetzung durch die Ägypter
1840	–	Wiederbesetzung durch die Türken
1917 (9. Dezember)	–	Übergabe durch die Türken an die Briten
1917-1948	**–**	***Herrschaft der Briten***
1921-1936	–	Aufstände und Ausschreitungen von seiten der Araber
1948-1967	**–**	***Herrschaft der Jordanier***
1967	**–**	***Herrschaft der Israelis***
1987-1993	–	Aufstand der Palästinenser (»Intifada«)
1994	–	Israelisch-jordanischer Friedensvertrag
1996	–	Feierlichkeiten zum dreitausendjährigen Bestehen der Stadt

Anmerkungen

1 Eugene Merrill, *Kingdom of Priests: A History of Old Testament Israel* (Grand Rapids: Baker Book House, 1987), S. 234-236, 243-248.
2 Harold W. Hoehner, *Chronological Aspects of the Life of Christ* (Grand Rapids: Zondervan Publishing House, 1977), S. 126.
3 Ibid., S. 138.
4 Josephus, *Jüdischer Krieg* 5.371. Bezüglich einer Zusammenfassung der Belagerung und Zerstörung der Stadt sei hier verwiesen auf Cleon L. Rogers, Jr., *The Topical Josephus* (Grand Rapids: Zondervan Publishing House, 1992), S. 156-204.
5 Josephus, *Jüdischer Krieg,* 6.404-6.
6 Ibid., 6.411-13.
7 Harold David Foos, *»Jerusalem in Prophecy«* (Dissertation zur Erlangung des Doktorgrades der Theologie, Dallas Theological Seminary, 1965), S. 209.
8 Robert L. Wilken, *The Land Called Holy* (New Haven, CT: Yale University Press), S. 82-83.
9 Andrew Sinclair, *Jerusalem: The Endless Crusade* (New York: Crown Publishers, 1955), S. 13.
10 *Encyclopedia Judaica*, »Jerusalem«, S. 1407-1408.
11 Ibid.
12 Bezüglich einer detaillierten Beschreibung dieses Versuches, den Tempel wiederaufzubauen, sei verwiesen auf Jeffrey Brodd, »Julian the Apostate and His Plan to Rebuild the Jerusalem Temple«, *Bible Review 11* (Oktober 1995): 32-38,48.
13 *Encyclopedia Judaica,* »Jerusalem«, S. 1407-1408.
14 Thomas Ice und Randall Price, *Ready to Rebuild: The Imminent Plan to Rebuild the Last Days Temple* (Eugene, OR: Harvest House, 1992), S. 85-93. Die Daten bezüglich des Baus und der Erklärung, daß es sich bei dem Felsendom um eine heilige Stätte handelt, werden in späteren Auseinander-

setzungen bezüglich des Tempelberges noch von enormer Bedeutung sein. Diese Bedeutung besteht auch heute noch.

15 Sinclair, *Jerusalem*, S. 36.

16 Ibid., S. 45-46.

17 *Encyclopedia Judaica,* »Jerusalem«, S. 1459.

18 Ibid., S. 1477.

19 Ibid., S. 1483.

20 Paul N. Benware, *Understanding End Times Prophecy: A Comprehensive Approach* (Chicago: Moody Press, 1995), S. 34-57.

21 Vgl. Na'im Ateek, »Jerusalem in Islam and for Palestinian Christians with Postscript« in P.W.L. Walker, Hrsg., *Jerusalem Past and Present in the Purposes of God,* 2. Auflage. (Grand Rapids: Baker Book House, 1994), S. 153.

22 Hier sei verwiesen auf ein weiteres Buch dieser Serie, *Die Wahrheit über: Der letzte Tempel* (Verlag C. M. Fliß, Hamburg) und Thomas Ice und Randall Price, *Ready to Rebuild: The Imminent Plan to Rebuild the Last Days Temple* (Eugene, OR: Harvest House, 1992).

23 Foos, »Jerusalem in Prophecy«, S. 241.

24 Charles H. Dyer, *World News and Bible Prophec* (Wheaton, IL: Tyndale House, 1993), S. 141-152. Vom selben Autor und Verlag sei hier des weiteren verwiesen auf *The Rise of Babylon: Sign of the End Times*, 1991.

25 John F. Walvoord, *Major Bible Prophecies: 37 Crucial Prophecies that Affect You Today* (Grand Rapids: Zondervan Publishing House, 1991), S. 358-359.

26 Thomas Ice und Timothy Demy, *Die Wahrheit über: Die Entrückung* (Verlag C. M. Fliß, Hamburg)

27 Ibid.

28 Walvoord, *Major Bible Prophecies,* S. 390,391.

29 John F. Walvoord, *The Millennial Kingdom* (Findlay, OH: Dunham Publishing Co., 1959), S. 321.

30 Walvoord, *Millennial Kingdom,* S. 306-307.

31 Ibid., S. 315.

32 Die Autoren erörtern dieses Thema eingehender in einem weiteren Band dieser Serie, *Die Wahrheit über: Das Tausendjährige Reich* (Verlag C. M. Fliß, Hamburg).

33 David L. Cooper, *The World's Greatest Library: Graphically Illustrated* (Los Angeles: Biblical Research Society, 1970), S. 107.
34 Clarence Larkin, *The Book of Revelation Ilustrated* (Philadelphia: Clarence Larkin Estate, 1919), S. 204.
35 Dyer, *World News,* S. 279-280.
36 Bezüglich einer guten Zusammenfassung sei verwiesen auf David A. Rausch, *The Middle East Maze: Israel and Her Neighbors* (Chicago: Moody Press, 1991).
37 Amos Elon, *Jerusalem: Battleground of Memory* (New York: Kodansha International, 1995), S. 238.
38 J. Dwight Pentecost, *Things to Come: A Study in Biblical Eschatology* (Grand Rapids: Zondervan Publishing House, 1958), S. 580.

In dieser Serie sind weiterhin folgende Titel lieferbar:

ab Herbst 97:

Die Wahrheit über:
Das Jahr 2000 und die Wiederkehr Christi
Best.-Nr. 326.810

Die Wahrheit über: Die große Trübsal
Best.-Nr. 326.811

Die Wahrheit über: Die Entrückung
Best.-Nr. 326.812

ab Frühjahr 98:

Die Wahrheit über:
Das Tausendjährige Reich
Best.-Nr. 326.814

Die Wahrheit über:
Der Antichrist und sein Reich
Best.-Nr. 326.815

Die Wahrheit über: Der letzte Tempel
Best.-Nr. 326.816

Bitte bestellen Sie bei:

Verlag C.M. Fliß
Postfach 610470 • 22424 Hamburg
Fon 040/586492 • Fax 040/583704

Weitere Titel aus dem Verlag C.M. Fliß:

Ed Hindson: Zeichen der Endzeit
Best.-Nr. 326.809

Peter Hoeft: In den letzten Tagen
Best.-Nr. 326.804

Klaus Hoffmann:
Die Apokalypse und die Gemeinde Jesu
Best.-Nr. 326.974

Dave Hunt: Globaler Friede und Aufstieg des Antichristen
Best.-Nr. 326.981

Bitte bestellen Sie bei:

cmf

Verlag C.M. Fliß
Postfach 610470
22424 Hamburg

Fon 040/586492 • Fax 040/583704